APERÇU GÉNÉRAL

SCIENTIFIQUE, AGRICOLE, INDUSTRIEL ET COMMERCIAL

DE LA

VALLÉE DE L'EUPHRATE

ÉTUDE

pour servir au projet d'amélioration du Port d'Alexandrette
et à l'établissement d'un Service de Messageries
par voie ferrée à voie étroite entre Alexandrette, Alep et Bérédjik
et de Bérédjik à Moussoul et Bagdad

PAR

MM. Alphonse CHOPART
CAPITAINE DE FRÉGATE EN RETRAITE, OFFICIER DE LA LÉGION D'HONNEUR

ET

Albert BELEYS
ANCIEN INDUSTRIEL

« La Syrie ... vaut l'Égypte. Son
fertilité merveilleuse ...
de quelques capitaux ...
produire d'incalculables ...
(Page 108. — Politique ...)

PARIS
IMPRIMERIE ET LIBRAIRIE CENTRALES DES CHEMINS DE FER
IMPRIMERIE CHAIX
SOCIÉTÉ ANONYME AU CAPITAL DE 3,000,000 ...

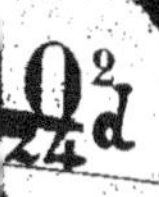

APERÇU GÉNÉRAL

GÉOGRAPHIQUE, AGRICOLE, INDUSTRIEL ET COMMERCIAL

SUR LA

VALLÉE DE L'EUPHRATE

ÉTUDE

Pour servir au projet d'amélioration du Port d'Alexandrette
et à l'établissement d'un Service de Messageries
par chemin de fer à voie étroite entre Alexandrette, Alep et Bérédjik
et de Bérédjik à Mossoul et Bagdad

PAR

MM. Alphonse CHOPART
CAPITAINE DE FRÉGATE EN RETRAITE, OFFICIER DE LA LÉGION D'HONNEUR

ET

Albert BELEYS
ANCIEN INDUSTRIEL

> « La Syrie, à quelques égards,
> » vaut l'Égypte. Son sol est d'une
> » fertilité merveilleuse. Il suffirait de
> » quelques capitaux pour lui faire
> » produire d'incalculables richesses. »
>
> (Page 408. — Politique extérieure et coloniale,
> par Gabriel CHARMES, 1885.)

PARIS

IMPRIMERIE ET LIBRAIRIE CENTRALES DES CHEMINS DE FER

IMPRIMERIE CHAIX

SOCIÉTÉ ANONYME AU CAPITAL DE SIX MILLIONS

Rue Bergère, 20

1887

AVANT-PROPOS

Depuis plus de vingt ans, l'Angleterre essaie par les moyens qui lui sont familiers de mettre le pied en Asie.

Elle possède aujourd'hui, sinon de droit, mais de fait, l'île de Chypre, sentinelle bien placée pour surveiller la Syrie. En s'établissant au Caire, *notre fidèle alliée* n'a pas renoncé à nous disputer le Liban, et, comme le dit Gabriel Charmes, frère de M. Francis Charmes, l'habile directeur politique au Ministère des Affaires étrangères, dans sa remarquable étude sur la politique extérieure et coloniale : « *Prenons garde ! La Syrie peut nous échapper aussi rapidement que l'Egypte…* »

L'Angleterre, maîtresse des détroits, des canaux, de tous les défilés maritimes enfin, veut nous tenir prisonniers dans la Méditerranée, qui devrait être un grand lac français, mais dont nous avons laissé prendre les points stratégiques les plus importants. La Russie est la puissance qui l'inquiète, parce qu'elle s'achemine par voie de terre lentement, mais sûrement, vers ses frontières de l'Inde.

Nous pouvons prendre une éclatante revanche. La Syrie, qui était presque française, ne peut et ne doit pas tomber un jour sous la puissance anglaise.

Dans son ouvrage, M. Gabriel Charmes, en parlant des Syriens, dit : « *Sans doute ils préféreraient être au service de la France, mais la*

France s'est dérobée, ils ne la trouvent plus là où ils avaient l'habitude de ne connaître qu'elle. Fatalement les Syriens deviendront des agents anglais. » Ne restons pas sourds à ce cri d'alarme.

C'est pourquoi nous, qui avons parcouru et vécu dans cette partie de l'Asie, nous demandons que le Gouvernement de la République française veuille bien accorder son appui aux auteurs de ce projet, qui a pour but de créer un réseau de voies de communications entre le golfe d'Alexandrette, Alep et Mossoul, et d'établir un service de messageries privilégiées dans le genre de celui de Beyrouth à Damas, qui fonctionne depuis plusieurs années avec succès. La création de routes nouvelles et sûres ont ramené la richesse agricole et commerciale dans la plus grande partie du Liban.

Notre projet n'a qu'un but commercial, mais sa réalisation aurait comme résultat certain, de ramener en Syrie la vie et la prospérité et d'aider puissamment à rétablir, plus forte que jamais, l'influence séculaire de la France sur ces populations qui lui sont restées fidèles, même au lendemain de ses désastres.

ÉTUDE

D'UN

TRACÉ DE ROUTE

d'Alexandrette à Alep et Bérédjik et de Bérédjik à Mossoul et à Bagdad

POUR

L'ÉTABLISSEMENT D'UN SERVICE DE MESSAGERIES PRIVILÉGIÉES PAR VOIE FERRÉE

Considérations générales.

Au moment où toutes les puissances amies de la Turquie cherchent à mettre de l'ordre dans ses finances, il ne nous paraît pas inopportun de présenter un projet qui ramènerait la richesse et la prospérité dans les plus belles provinces de la Turquie d'Asie.

Partout où les voies de communication ont été multipliées et des moyens rapides de transport créés, la fortune publique s'est rapidement accrue.

La Turquie, surtout en Asie, en est encore à l'état primitif, et pourtant elle n'a qu'à vouloir pour sortir de l'impasse dans laquelle l'a mise une administration arriérée.

La Turquie d'Europe possède quelques chemins de fer; mais, il faut bien le dire, en dehors de ces quelques voies créées par des étrangers, on ne trouve guère que des routes à peine carrossables, tant elles sont négligées et mal entretenues.

La Turquie d'Asie, à l'exception de la splendide route de Beyrouth à Damas, due à l'initiative privée d'un Français, ne possède *aucune route;* elle n'est desservie que par des chemins tracés par le passage incessant des caravanes. C'est en Asie, cependant, que sont les véritables richesses de l'Empire ottoman, et ce sont ces contrées qui se meurent, quand il ne faudrait, pour les ranimer et les ramener à leur ancienne splendeur, que leur fournir les moyens d'exporter les produits et les richesses de leur sol privilégié.

Le gouvernement de la Porte ne veut pas ou ne peut pas prendre l'initiative de pareils travaux à sa charge; mais, ce qu'il ne fait pas, il peut le laisser faire et le confier à l'initiative privée, ce qui sera pour lui une source de revenus considérables, ainsi que nous allons essayer de le démontrer.

La France n'est-elle pas aujourd'hui sillonnée de voies ferrées que le gouvernement a concédées à des particuliers? Que la Turquie imite ses voisins, qu'elle concède à une compagnie les travaux qu'elle ne peut entreprendre ; elle verra sa fortune renaître et, par suite, son crédit augmenter.

Avant le percement de l'isthme de Suez, presque tous les produits de la Perse, d'une partie de l'Inde et des provinces intérieures, telles que la Babylonie, le Kurdistan et la Mésopotamie, traversaient Alep et s'acheminaient par caravanes pour venir à Alexandrette. Aujourd'hui, ces moyens de transport trop coûteux et trop lents ont été en partie abandonnés; Alep ne voit plus comme autrefois de nombreuses caravanes la traverser.

La Babylonie dirige une partie de ses marchandises, par voie fluviale, vers le Golfe Persique, d'où elles s'embarquent pour venir en Europe par la mer Rouge et la voie de Suez. Il en résulte une perte de temps énorme et surtout des frais inutiles à éviter en passant par Alep et Alexandrette.

La Mésopotamie a presque complètement abandonné son exportation trop coûteuse; elle n'exporte plus que des laines, des soies et des cotons. Et cependant, dit Élisée Reclus, dans son magnifique ouvrage (page 383, *Asie antérieure*), « *cette région, vaste comme la France, est d'une fertilité bien autrement grande dans les campagnes où peuvent se ramifier les canaux d'irrigation* ».

La création de voies de communication et de moyens de transport

permettrait à ces provinces d'exporter leurs produits dans des conditions qui leur donneraient la possibilité de lutter avec les autres
nations.

Le projet de doter l'Asie-Mineure d'une voie ferrée n'est pas une
idée nouvelle; la route d'Alexandrette à Mossoul et Bagdad a souvent
attiré l'attention des Anglais, qui voyaient la possibilité de faire une
affaire commerciale fructueuse, tout en créant un moyen sûr et rapide
de communiquer avec leurs possessions de l'Inde.

La Porte accueillit d'abord favorablement une demande de concession d'une ligne ferrée qui lui fut faite par un groupe anglais; mais
le tracé primitif, qui avait été fait dans un but purement commercial,
fut modifié par les demandeurs, qui offrirent de remplacer ce tracé
par un itinéraire plus simple, allant directement d'Alexandrette à
Alep, et d'Alep à Bagdad en suivant la vallée de l'Euphrate. Ce nouvel
itinéraire, suivant la limite du désert, laissait trop clairement entre-
voir que derrière le groupe financier se dissimulait le gouvernement
lui-même, dont le seul objectif était de se créer une voie de communication directe et rapide de la Méditerranée au Golfe Persique. Ce but
atteint, l'Angleterre n'aurait pas tardé à raccorder cette ligne avec sa
frontière de l'Inde.

La Porte ne pouvait consentir à livrer ses plus belles provinces à des
mains amies mais bien armées, sachant bien que ce droit de passage ne
tarderait pas à se transformer en une prise de possession complète.

Ce que le gouvernement ottoman ne pouvait accorder à une Compagnie anglaise, derrière laquelle se cache toujours le gouvernement
envahisseur de la Grande-Bretagne, il peut le concéder à un syndicat
français, avec l'obligation pour ce dernier de fonder :

« *Une Compagnie privilégiée de Messageries ottomanes* », semblable à
la Compagnie privilégiée de Beyrouth à Damas, ayant pour but d'acca-
parer le trafic partout où il existe et de le faire renaître partout où il
se meurt.

Dans l'intérêt des parties contractantes, il y aurait peut-être avantage à ce que la Compagnie soit et ne soit qu'ottomane.

Michel Pacha, l'éminent Français qui a créé les phares de l'Empire ottoman, n'a pas eu à regretter d'avoir fait cette affaire, en la plaçant sous les lois ottomanes.

En examinant les prix de transport perçus par la Compagnie de la route de Beyrouth à Damas, on se rend facilement compte des avantages beaucoup plus considérables qu'offrirait la route projetée.

De Beyrouth à Damas, distance 112 kilomètres, le prix du voyage est en moyenne, par la diligence, de . . . . 20 à 25 francs.

Les marchandises paient les 100 kilogs   20   »

Par petite vitesse sur chariot, les 115 kilogs paient   17   »

Damas, sur les limites du désert, offre très peu de débouchés aux marchandises importées et expédiées à Beyrouth pour l'exportation; Alep, au contraire, étant le point de transit de toutes les marchandises venant du Kurdistan, de l'Arménie, de la Mésopotamie, de la Perse pour l'exportation, la route dont nous avons étudié le tracé offrirait des bénéfices beaucoup plus grands.

Aperçu général des pays traversés par la route projetée.

Les districts d'Orfa, Diarbékir, Mardin, Mossoul en particulier, et la Mésopotamie en général, produisent une très grande quantité de grains, blé, orge, sésame, maïs et millet; puis viennent les laines, cotons, soies, tabac, huile, savon, etc.

Les blés d'Orfa et des plaines de Séroudj sont de qualité supérieure; ceux de la Syrie sont, au contraire, réputés de qualité inférieure, mais cela provient surtout de ce qu'ils sont abandonnés sur les aires, et conservés jusqu'à l'expédition, dans des silos ou puits mal faits, où les blés se détériorent par les infiltrations. Ils souffrent aussi du transport par caravane, recevant les pluies et étant souvent mouillés en traversant les torrents.

La province d'Alep est aussi très riche; les graines oléagineuses : sésame, lin et ricin, y sont très cultivées.

Actuellement, la culture de la vigne s'y fait sur une vaste échelle;

déjà, sur divers points, le vin est devenu indispensable, il se fait seulement pour la consommation du pays. Les moyens de transport manquent pour écouler ce produit.

On se sert, pour le conserver, de grandes jarres en terre que l'on bouche avec de l'huile, et pour le transporter, on emploie des outres goudronnées.

Nous avons constaté que le vin bu sur place était excellent, mais le mode de transport en usage lui laisse pour toujours ce goût de goudron qui annule complètement son bouquet naturel.

La création de voies de communication et de moyens de transport permettrait d'exporter ce vin en barriques, et ce commerce prendrait vite une grande extension.

Le commerce du raisin sec a, surtout depuis plusieurs années, une grande importance, et prend chaque jour de l'extension, l'industrie l'appelant à son aide pour la fabrication des vins factices; enfin, le raisin sert aussi à la fabrication du « *Dubs* » ou raisiné, qui se transporte dans des outres et est expédié en grande quantité dans les villes et villages des provinces environnantes.

Les laines et les cotons constituent actuellement la richesse du pays, les laines surtout par leur qualité et leur quantité.

La province de Syrie en produit à elle seule une quantité considérable; les laines de Mésopotamie, beaucoup plus belles et plus fines que celles de Syrie, sont très demandées sur les marchés européens, et, malgré les difficultés de transport et la distance qui occasionnent de grands frais, l'exportation est beaucoup plus grande que dans les autres provinces.

Les laines du Kurdistan sont de qualité inférieure et ne servent qu'à la fabrication des tapis.

Sur la plus grande partie de la route projetée, on trouve les huiles en abondance; elles servent à la consommation du pays et à la fabrication du savon.

La soude naturelle « salicornias », connue sous le nom de jumen, pousse partout. Coupée près du sol, séchée ensuite, on la brûle dans des fours, et la cendre produit le sel de soude qui sert à la fabrication du savon et du verre.

Le beurre, qui est une des richesses des Arabes nomades, se transporte dans des outres de peau de chèvre; il vient principalement de la Mésopotamie, où des troupeaux de plusieurs milliers de brebis trouvent d'excellents pâturages.

Les dattes, venant de Bagdad et des bords du Tigre, sont également transportées dans des outres; il s'en fait une immense consommation dans les provinces du littoral.

A huit kilomètres environ d'Alep, on trouve de grandes salines; un peu plus loin, dans les plaines de Deïr, gisent des nappes de pétrole non exploitées.

Dans toutes les plaines, depuis le Karadja-Dagh et le mont Massius, en suivant l'Euphrate jusqu'au Tigre, on rencontre de nombreuses nappes de naphte et de bitume; en suivant le cours du Tigre, on en trouve des traces partout. Quand des voies de communication seront ouvertes et que les moyens de transport seront assurés, une exploitation de ces diverses mines de pétrole serait très fructueuse, puisque actuellement, dans les villes et villages, on ne brûle que cette huile pour l'éclairage. Il vient d'Amérique et est transporté d'Alexandrette dans l'intérieur à dos de chameau, dans des caisses de fer-blanc, ce qui lui fait subir une augmentation de prix considérable.

Aux environs de Bérédjik, de Soverek, de Diarbékir et de Mardin, on a reconnu des gisements de charbon; ces mines, une fois exploitées, pourraient être d'une grande utilité à la Compagnie concessionnaire d'un chemin de fer.

Au-dessus de Diarbékir, entre Kéban et Karput, on rencontre, dans les montagnes, de riches gisements d'argent, de plomb, de cuivre, de fer et d'or.

Le minerai n'a, pour ainsi dire, pas de valeur, à cause de sa facilité d'extraction, et aussi à cause de l'impossibilité de le transporter.

C'est dans la grande chaîne du Taurus que se trouvent les mines de plomb argentifère d'Arghana qui sont d'une extrême richesse; elles sont inexploitées.

L'extraction en est si facile que les habitants des environs tirent l'argent du minerai par des procédés tout primitifs, et seulement pour leur usage particulier.

La grande plaine de Karput, qui se trouve dans la chaîne du Taurus, contient plus de cent villages; elle est très fertile et est arrosée par de petits cours d'eau. On y cultive le blé, l'orge, le riz, le coton, les mûriers, le sésame, le ricin, les lentilles et les fèves. L'arrosage y permet la culture des légumes que l'on fait sécher pour les transporter dans les autres provinces.

Tous les produits de ce district viennent à Diarbékir, pour rejoindre la grande ligne des caravanes, qui les conduit à la Méditerranée.

Sur tout le parcours de la route que nous avons étudiée, le climat est sain, on traverse les vallées les plus fertiles, et partout on trouve de l'eau potable, avantage considérable dans un pays chaud.

Renseignements généraux sur les prix actuels et le peu de sécurité des transports, et sur les pertes faites par la Douane ottomane.

Voici quelques renseignements d'une stricte exactitude qui pourront servir de bases pour établir les revenus que donnera une voie ferrée d'Alexandrette à Alep, et qui serviront également de point de comparaison entre l'état de choses existant et ce qu'il serait après l'ouverture des voies de communication, et l'organisation de moyens de transport rapides et réguliers.

La distance à parcourir par les caravanes est, d'Alexandrette à Alep, de 140 kilomètres.

Le chameau porte jusqu'à 200 okes ou 310 kilos maximum.

Le prix du transport par chameau, d'Alexandrette à Alep, varie de 14 à 24 francs la charge.

Le mulet porte de 220 à 250 kilos.

Le prix de la charge, d'Alexandrette à Alep, varie de 15 à 28 francs la charge.

Ces variations de prix sont la conséquence du mouvement commercial plus ou moins grand.

Les caravanes mettent au moins huit jours pour faire le trajet d'Alexandrette à Alep, et *vice versa*; en hiver, elles mettent souvent quinze jours, parce qu'elles sont arrêtées au passage des rivières qui se changent en torrents pendant la saison des pluies. Les muletiers mettent quatre et cinq jours en été, et de cinq à dix jours en hiver.

Les balles de marchandises qui arrivent d'Europe n'ont pas de poids fixe, souvent elles sont trop légères pour une demi-charge de chameau; d'autres fois, le poids dépassant les 150 kilos maxima de la demi-charge, il est difficile d'établir une moyenne pour égaliser les chargements.

Lorsqu'un colis trop lourd est indivisible, il faut payer un prix exorbitant pour le transporter. Le même inconvénient se présente pour les colis de grande dimension, tels que les caisses contenant des pianos, des glaces et les gros meubles, dont le prix de transport varie de 250 à 300 francs!

Les colis d'exportation, seuls, ont toujours le poids et le volume nécessaires pour le chargement des animaux destinés à les transporter.

Les pertes et dommages que subissent les marchandises transportées sont nombreux :

1º Une grande casse pour les objets de verrerie et de quincaillerie.

2º La détérioration, par la pluie, des produits manufacturés et des céréales.

3º Le manque de poids dans les expéditions de céréales et autres produits, résultant du vol commis le plus souvent par les chameliers.

L'abandon des marchandises, en pleine campagne, au moment des réquisitions de corvées de transport faites par le gouvernement (les chameliers se sauvent souvent dans le désert pour éviter les corvées).

4º La détérioration des marchandises au passage des rivières (dans ce cas, les céréales mouillées sont perdues).

Les négociants ne peuvent pas être dédommagés des pertes qu'ils subissent, l'assurance n'existant pas pour le transport des marchandises. Ils ont essayé quelquefois de les assurer, en promettant aux chameliers un prix de transport plus élevé, que ces derniers ne doivent toucher qu'à l'arrivée de la caravane à bon port ; mais ce procédé ne les couvrait pas des pertes subies, le prix du transport convenu étant inférieur aux dommages à supporter.

Enfin, il n'existe ni magasins, ni hangars pour recevoir les marchandises : chameliers et muletiers les jettent pêle-mêle dans des cours découvertes appelées « *Khan* », où chacun est obligé de venir reconnaître ce qui lui appartient. Le plus grand désordre règne dans ces *Khans* et le gouvernement ottoman perd des sommes considérables, car, à l'aide de ce désordre, la plus grande partie des droits de douane lui échappe.

Les négociants de l'intérieur ont, à Alexandrette, des agents chargés de prendre livraison de leurs marchandises et de les leur expédier ; ces mêmes agents s'occupent aussi de la réception des marchandises d'exportation et de leur embarquement. Ils perçoivent cinq piastres par colis, soit environ 1 fr. 25.

Les moyens de transport pour les voyageurs ne sont pas variés ; ce sont le cheval ou le tarterwane.

Un cheval se paie, pour le trajet d'Alexandrette à Alep, de 16 à 23 fr. 50.

Le tarterwane est un palanquin porté par deux mulets ; il est employé pour le transport des femmes et des enfants. Il peut contenir au besoin deux personnes. Le prix de location du taterwane est de 150 francs environ.

Pour une entreprise de transport suivie, on ne trouverait pas aisément à louer des bêtes de somme ; on est donc forcé de les acheter.

Un mulet coûte de 150 à 200 francs.

Un âne ordinaire de 80 à 120 francs.

Un âne de Bagdad, de 200 à 400 francs.

Un cheval de peine, de 200 à 250 francs.

Il n'y a pas de prix fixe pour les locations à la journée.

D'après les relevés faits sur les registres de la douane à Alexandrette

depuis 1878 jusqu'à 1882, les importations annuelles s'élèvent à la
valeur moyenne de . . . . , ... Fr.   35.963.600
et les exportations à 24.515.451

TOTAL . . . . . . Fr.   60.479.051

Le relevé de ces quatre années est un minimum, car il porte sur
une période où la disette et la guerre avaient entravé tout commerce ;
n'est pas compris dans ces évaluations tout le commerce local,
puisque, sur le blé, un quart seulement de la production s'exporte ; il
en est à peu près de même de toutes les céréales (voir le tableau A).

En outre, on évalue les marchandises passant en contrebande, faute
de moyens de contrôle, à une somme au moins égale à celle portée
sur les registres officiels.

Dans de semblables conditions, une Compagnie privilégiée de Messageries trouverait un large profit à établir des magasins pour la
la réception des marchandises ; elle remplacerait les courtiers-com-
missionnaires actuels ; les négociants y trouveraient leur compte et
le gouvernement ottoman aurait un moyen de contrôle pour la per-
ception intégrale des droits de douane.

La Compagnie concessionnaire, en offrant des garanties sérieuses,
pourrait peut-être obtenir, du gouvernement et de ses créanciers, le
monopole des douanes à Alexandrette, en payant à forfait une somme
supérieure à celle perçue actuellement par la douane ottomane.

Tracé de la ligne projetée. — Étude détaillée des pays desservis par la voie projetée.

Alexandrette.

Alexandrette est la seule rade de la côte de Syrie. M. Gabriel
Charmes, en parlant du golfe d'Alexandrette, dit : *qu'il est de premier
ordre et pourrait abriter aisément les plus grandes flottes.* Elisée
Reclus prétend *que sa rade est la moins périlleuse de toute la côte*

syrienne, et que les négociants en ont fait choix pour l'exportation des céréales provenant des fertiles campagnes comprises entre le Taurus, l'Euphrate et l'Oronte (p. 579, IX° volume). Quelques personnes, complètement étrangères à la marine, avaient eu l'idée d'établir une tête de ligne à Swedieh, ancienne Séleucie. Il fallait naturellement construire un port sur ce point de la côte, ce qui nécessitait une dépense de plusieurs millions, et ce port aurait été impraticable et dangereux ; c'est donc Alexandrette que nous proposons comme point de départ de notre ligne.

La baie a près de 24 milles de profondeur ; les vents du nord qui tombent en rafales des montagnes y sont les seuls à craindre, et si notre projet était réalisé, il y aurait peut-être intérêt dans l'avenir à construire une jetée qui abriterait les navires contre la mer que soulève le vent venant du fond du golfe, et qui faciliterait en même temps les opérations de chargement et de déchargement.

Actuellement, il y a deux mauvaises jetées construites sur pilotis, et les embarquements se font au moyen de « mahonnes ». Ces jetées en bois ont été construites par les Autrichiens, mais le gouvernement ottoman ne s'est pas occupé de leur entretien.

Un mauvais hangar sert de magasins à la douane. Alexandrette est avec raison réputée assez malsaine, et pendant les chaleurs, tous les habitants émigrent dans le Béïlan. En 1872 et 1873, des projets d'assainissement et de canalisation pour conduire les eaux stagnantes de la plaine à la mer avaient reçu un commencement d'exécution, mais ils ont été abandonnés. Ces travaux sont d'une exécution facile, et si la Compagnie concessionnaire les prenait à sa charge, elle devrait demander comme compensation la cession gratuite de tous les terrains conquis par ces travaux ; elle y gagnerait des terrains à bâtir qui se revendraient lors de l'extension de la ville. De plus, à notre avis, il faudrait planter dans toute cette plaine marécageuse une grande quantité d'eucalyptus.

La population est de 4 à 5,000 habitants en hiver ; elle se réduit de moitié pendant l'été.

Il vient par an, dans ce port, environ : 65 vapeurs français, autant d'anglais, 54 russes, 15 turcs et 10 de diverses nationalités. Cette rade est aussi fréquentée par une soixantaine de voiliers de 200 à 400 tonneaux et par 150 voiliers turcs.

Les caravanes qui arrivent ou partent sont journalières, et l'on peut juger de leur importance par le mouvement de l'importation et de l'exportation.

On embarque annuellement à Alexandrette plus de 140,000 tonnes de produits divers des provinces d'Alep, d'Orfa et de Diarbékir; on y débarque environ 32 à 38,000 tonnes. (Voir les tableaux A et B qui donnent les principales exportations et importations.)

En droite ligne d'Alexandrette à Alep, il n'y aurait pas 100 kilomètres; mais à cause des détours que font les caravanes, on compte un parcours d'environ 140 kilomètres. Cette distance, par le tracé projeté, serait inférieure à 120 kilomètres.

Djébel-Beïlan ou mont Amanus.

Cette montagne est la seule à traverser, sur tout le parcours de notre tracé; le col du Beïlan où passent les caravanes, est à 680 mètres d'altitude. D'après quelques ingénieurs, les pentes de la montagne sont assez douces pour y établir une voie ferrée, sans être obligé de percer un tunnel : ces études datent d'avril 1884. C'est une question que des hommes compétents pourraient seuls trancher. Notre but étant d'établir une ligne ferrée à voie étroite de 0^m80 à 1 mètre, il sera peut-être possible d'éviter le percement du tunnel en faisant passer la voie par la coupée du Beïlan; mais en tous cas, avec les pentes très douces du bas de la montagne, on pourrait arriver aisément jusqu'à une altitude de 350 à 400 mètres environ, et arrivé à ce point, s'il était nécessaire de percer un tunnel, sa longueur n'aurait pas deux kilomètres.

D'après la nature de la montagne, ce travail ne serait ni difficile ni dispendieux; dans le pays on estime le coût de ce tunnel à 600,000 francs le kilomètre au maximum.

En sortant du tunnel, la pente de la montagne permettrait de descendre avec fort peu de courbes, pour arriver à la plaine du *Hamk*, au hameau de *Diarbékarlié*.

Diarbékarlié.

Bien que Diarbékarlié ne soit qu'un simple hameau composé de huttes, il y aurait lieu d'établir à ce point une station pour desservir *Antioche* qui se trouve dans le sud à 20 kilomètres environ.

La vallée d'Antioche, arrosée par l'Oronte, est très fertile; ses produits sont nombreux, mais c'est surtout la soie qui constitue sa richesse; ensuite viennent les céréales, les cotons, les graines oléagineuses, les oranges, les citrons, les huiles, le savon, les légumes frais et secs, et les fruits de toute sorte. Tous les produits de la vallée de l'Oronte viendraient rejoindre la voie projetée à Diarbékarlié, qui nous paraît être le point de la ligne le plus propice, étant arrosé par un cours d'eau qui ne tarit jamais. Il faudrait y construire des magasins pour recevoir les marchandises; on estime que la vallée de l'Oronte fournirait actuellement environ 58,000 tonnes de marchandises diverses.

Plaine du Hamk.

Cette plaine très fertile est généralement inondée à l'époque des grandes pluies et de la fonte des neiges. Il y aurait lieu d'éviter de nombreux travaux d'art, en suivant l'ancienne voie romaine qui existe encore sur un très grand parcours. Quoique en ruine, cette voie offrirait l'avantage, par son élévation au-dessus du niveau de la plaine, d'être à l'abri des inondations.

Trois petites rivières, qui l'hiver se transforment en torrents, traversent la plaine; ce sont le *Karasouï*, le *Murad-Pacha* et le *Afrin*. Le Karasouï est à 36 kilomètres d'Alexandrette, le Murad-Pacha à 10 kilomètres du Karasouï et le Afrin à 38 kilomètres du Murad-Pacha; d'autres petits torrents, n'ayant de l'eau que pendant quelques jours, viennent se déverser dans ces deux rivières (un pont avait été commencé sur le Afrin; il a été abandonné; les matériaux nécessaires sont donc en partie sur place).

Sur le Karasouï, on retrouve les vestiges d'un pont de construction romaine; les arches de dimensions diverses subsistent encore. Les caravanes et la poste même attendent quelquefois huit jours avant de pouvoir franchir à gué ces rivières pendant l'hiver.

Il faudrait donc construire trois ponts et, de distance en distance sur la route, faire des aqueducs pour servir à l'écoulement des eaux pendant la saison des grandes pluies.

Le Hammam.

Le Hammam est une source sulfureuse très fréquentée par les indigènes; le village de ce nom se trouve sur la colline à petite distance. De Diarbékarlié à ce point, il y a environ 15 ou 16 kilomètres.

Il serait utile de créer au Hammam une station, le trafic des céréales étant très grand dans cette partie de la plaine. Toutes les marchandises du nord de la plaine, ou plaine haute, viendraient se concentrer sur ce point; il y aurait donc intérêt à y créer des magasins-entrepôts pour les recevoir.

La Compagnie concessionnaire pourrait utiliser le tronçon de route contruit en 1881 et 1882 et qui de ce point va jusqu'à Alep. Avant d'arriver à cette ville, il faudrait établir une station d'arrêt à Baïram-Oglu qui se trouve à 30 kilomètres environ du Hammam, pour y prendre les marchandises et produits des environs.

Il faudrait établir une station au hameau le « Afrin » sur les bords de la rivière de ce nom, surtout pour permettre de renouveler la provision d'eau des machines.

Alep ou Halab.

L'emplacement pour la gare, après étude approfondie, devrait être choisi aux portes d'Alep, près du quartier neuf appelé Azizié, aux bords de la rivière le *Kouëk*, mais sur la rive droite, laissant cette rivière entre la gare et le quartier neuf.

Notre but, en faisant l'arrêt sur ce point, est d'éviter des frais d'expropriation, de grands travaux de terrassement et de déblaiement, et de profiter des vastes terrains en plaine qui sont la propriété du gouvernement, et qui seraient concédés gratuitement à la Compagnie.

La population d'Alep, il y a dix ans, était de 150,000 habitants;
c'est le point de transit de toutes les marchandises venant de la Perse
et des provinces intérieures. Depuis le percement de l'isthme de Suez,
elle a perdu en grande partie son activité et sa richesse d'autrefois;
la réalisation de notre projet lui rendrait son ancienne importance commerciale.

Les bazars d'Alep sont encore les plus beaux et les plus riches
après ceux de Constantinople; ses fabriques qui font les étoffes de
soie et soie et or sont très renommées. La ville ne possède ni magasins, ni hangars, ni entrepôts; les marchandises sont le plus souvent
déposées en plein air.

Quoique nous établissions la station sur la rive droite du Kouëk, il
faudrait construire sur cette rivière un grand pont pour rejoindre le
quartier neuf à la gare. Charrettes et bêtes de somme seraient soumises
à un droit de péage qui donnerait des profits sérieux.

Le Kouëk arrose tous les jardins environnant Alep; la ville est
aussi desservie par un canal d'eau de source venant de *Heïlan*, village
qui se trouve à 2 heures vers le nord. C'est là que sont les fameuses
vasques de Salomon.

Le climat est très sain, et la température a beaucoup d'analogie
avec celle de Marseille.

Le côté est de la ville n'est pas arrosé; on y voit d'immenses plan-
tations de pistachiers, de figuiers et d'oliviers; les pistaches d'Alep
sont renommées, il s'en fait un assez grand commerce.

En résumé, le trafic de cette ville est très important, et un service régulier de transport entre Alep et le golfe d'Alexandrette seulement serait la source de revenus considérables. Alep étant le centre
de toutes les opérations commerciales d'exportation et d'importation,
il faudrait nécessairement y établir de vastes magasins-entrepôts.

Féfine.

En partant d'Alep, la route suivrait la rive droite du Kouëk qu'elle
franchirait au nord de la ville sur un pont déjà existant, qu'il y aurait lieu de refaire; de là elle rejoindrait un tronçon de route nouvel-

lement exécuté, mais abandonné, comme le sont trop souvent les entreprises de travaux publics faites par le gouvernement ottoman. Cette route d'une largeur de 12 à 15 mètres avait été bien faite; il faudrait la réparer et construire de petits ponceaux et des aqueducs pour l'écoulement des eaux en hiver; exécutée sur une longueur de 15 kilomètres environ, cette route aboutit non loin du village de Féfine, où une halte serait nécessaire.

De ce village à celui de Heïlan qui se trouve à 5 kilomètres à l'ouest de notre tracé, la rivière est bordée d'une succession de moulins; le transport des grains et des farines constituerait donc sur ce point un trafic assez important.

Les autres productions de ces fertiles plaines sont le tabac, le sésame, l'orge, l'opium, etc...

Il faudrait donc, en créant une station à Féfine, y contruire un petit magasin-entrepôt.

Artyarine.

En continuant en droite ligne vers le nord, on arrive au village d'Artyarine, en traversant une plaine à l'abri de l'inondation et dans laquelle on ne trouve pas une seule pierre. Ce village est situé à 24 kilomètres environ de Féfine; à cette halte on chargerait beaucoup de céréales, du tabac, des graines oléagineuses, des fruits et des légumes. Le point le meilleur pour y créer une halte serait un peu avant d'arriver au village, au bord de la rivière le Kouëk. Les constructions sont toutes en pisé; avec ses toits en cône, ce village a l'aspect d'une gigantesque ruche d'abeilles.

D'Artyarine, la route irait directement sur « Tcharmouly » qui se trouve à 20 kilomètres dans le nord-est.

Tcharmouly.

Ce village, construit à quelque distance de la rivière le « Sadjour », serait une halte d'une assez grande importance.

A gauche, les plaines et collines de Killis fournissent en quantité des céréales, du coton, du tabac, de l'huile, du raisin, du vin, du dubs, des fruits et des légumes; les olives et les huiles de Killis sont très renommées.

A droite, la plaine, bien cultivée, produit des céréales et des pâturages qui s'étendent à perte de vue jusqu'au désert.

A Tcharmouly, viendraient se réunir toutes les marchandises venant des montagnes et des collines voisines.

La station devrait être placée un peu en aval du village sur le bord du Sadjour, affluent de l'Euphrate; il faudrait y établir un petit magasin-entrepôt.

Nizib et Aïntab.

La route traverserait ensuite en plaine, passant entre les villages de Telle-Kachar et Kersun et aboutirait, après un parcours de 22 kilomètres, à « Nizib », célèbre par la victoire remportée par les Égyptiens le 24 juin 1839, et par les ruines qu'on y trouve (des fellahs, en faisant des fouilles, ont découvert des jarres d'or monnayé).

Nizib est à 8 kilomètres environ d'Aïntab; véritable oasis qui s'élève sur une colline plantée d'arbres fruitiers, d'oliviers et de vigne, Aïntab est une petite ville de 10,000 habitants. Elle est entourée de jardins qu'arrose le Sadjour; c'est le lieu de séjour préféré par les familles riches d'Alep, qui viennent en été y chercher la fraîcheur. C'est cependant à Nizib que nous proposons de faire une station :

1° Parce que c'est le point de ralliement de tous les produits des plaines environnantes.

2° Parce que l'arrêt choisi sur ce point ne fait pas beaucoup dévier notre tracé, qui se dirige, en faisant une légère courbe, vers le nord jusqu'au passage de l'Euphrate. Ces deux villes et les plaines voisines fourniront un trafic assez considérable pour créer à cette station un entrepôt important.

El-Fârat ou Euphrate. — Bir ou Bérédjik.

A 15 ou 16 kilomètres de Nizib, le tracé, courant en droite ligne et toujours en plaine, vient aboutir à l'Euphrate, limite de séparation entre la Syrie et la Mésopotamie. Le tracé devra aboutir à 3 ou 400 mètres en aval de Bérédjik, point où devra se faire le pont :

1° Pour éviter la chaîne de collines sur laquelle s'élève la ville.

2° Pour éviter également d'exproprier des maisons de la ville qui descend jusqu'aux bords du fleuve.

Les travaux à exécuter pour l'établissement du pont ne présentent pas de difficultés. Les collines qui bordent le fleuve en amont de la ville fourniront d'excellentes carrières de pierre; et la vieille citadelle, aujourd'hui en ruines, fournira des pierres toutes taillées. D'autre part, à trois heures de Bérédjik en aval, c'est-à-dire à 12 ou 15 kilomètres environ, se trouvent les ruines de « *Djéraboulos* », ville à laquelle il ne manque que les toits des maisons entièrement construites en marbre. On trouvera là d'immenses blocs de marbre qui pourront servir pour les arches et les parapets du pont. Le transport en serait facile, en les faisant remonter sur le fleuve au moyen de chalands et de radeaux.

Le pont devra avoir une grande largeur, afin de réserver, en dehors de la voie, un passage pour les piétons, les caravanes et les troupeaux; ces derniers sont si nombreux (ils se chiffrent par millions), qu'ils encombreraient la voie si l'on n'établissait pas une séparation bien définie entre les deux passages sur ce pont. Il faudra établir un droit de péage pour les caravanes et les troupeaux; en fixant ce droit à un chiffre inférieur au prix perçu actuellement par les bacs qui font le service, on aura encore un très gros revenu.

La ville de Bérédjik est à 100 kilomètres environ d'Alep, elle est construite en forme de gradins sur le versant d'une colline; dans la partie haute, ce sont les toits en terrasse des maisons qui servent de rues aux habitations qui les dominent. C'est sur ce point, que, depuis les temps les plus reculés, les caravanes viennent franchir l'Euphrate; toutes les marchandises venant de l'intérieur ou s'y rendant passent par cette ville. On compte environ 9 à 10,000 habitants, dont la plupart sont Kurdes.

On y trouve des fabriques de savon, des moulins à huile d'olive et de sésame, des métiers de tisserand pour les soieries et les cotonnades, quelques-uns pour les étoffes de laine à l'usage des gens du pays, quelques forges et des teintureries. Les jardins des bords du fleuve produisent d'excellents légumes ; dans les environs, on récolte beaucoup de grains, mais l'importance de cette ville est due surtout *aux arrivages de toutes les marchandises venant de Perse, du Kurdistan, de l'Arménie et des provinces de l'intérieur.*

Il faudrait y établir une gare importante et de grands magasins-entrepôts pour la réception, le magasinage et l'expédition de tous les produits du pays.

Ces entrepôts auraient surtout une importance considérable tant que la voie projetée ne dépasserait pas l'Euphrate. Cependant, il faudrait demander la concession jusqu'à Mossoul, mais en ne s'engageant à faire de suite la route que jusqu'à Bérédjik. Elle serait ensuite prolongée peu à peu, à mesure que l'on en verrait l'utilité.

Ici, se termine la première partie de notre étude ; dans une seconde partie, nous indiquons le tracé que nous pensons être le meilleur pour desservir les points principaux entre l'Euphrate et Mossoul. A notre avis, le problème intéressant à résoudre est l'établissement d'un réseau de voies de communication reliant Alep et Bérédjik au golfe d'Alexandrette (1), avec embranchement à la sortie du Beïlan à Diarbékarlié, reliant la ligne principale à Antioche, et enfin un embranchement conduisant d'Alep au Deïr pour faciliter l'exploitation des mines de pétrole.

Ces routes une fois créées et un service de messageries organisé, comme l'est celui de Damas à Beyrouth, la Syrie serait dotée d'un réseau de routes complet.

Il est incontestable que, si la réalisation de ce projet était due à l'initiative française, les populations de la Syrie ne manqueraient pas de voir, derrière l'initiative privée, la bienveillante influence de la France, à laquelle elles sont restées dévouées et fidèles, même après nos désastres.

---

(1) Élisée Reclus est aussi de cet avis, quand il dit, page 442 de son IX{*} volume, que tôt ou tard un chemin de fer sera fait entre Bérédjik et Alexandrette.

Tableau A

EXPORTATIONS

Principales marchandises provenant de la Syrie, de la Mésopotamie, du Kurdistan et de l'Arménie qui passent actuellement par Alep et Alexandrette pour l'exportation.

	BALLES	PIÈCES	HECTOLITRES	KILOGRAMMES	RÉDUCTION en tonnes
Laines (150 kilos à la balle)	50.000	......	......	7.500.000	7.500
Coton	20.000	......	......	3.000.000	3.000
Blé (Production 1,800,000 hectolit.).	......	......	500.000	50.000.000	50.000
Orge (Production 600,000 hectolitres).	......	......	180.000	18.000.000	18.000
Sésame (Production 4,000,000 de k^{os})	......	......	......	3.000.000	3.000
Maïs (Production 600,000 kilos). . .	......	......	......	4.000.000	4.000
Soie.	......	......	......	8.000	8
Cocons de soie	......	......	......	200.000	200
Tabac	......	......	......	175.000	175
Opium.	......	......	......	60.000	60
Noix de Galles	......	......	......	1.800.000	1.800
Graines jaunes	......	......	......	850.000	850
Cire jaune	......	......	......	30.000	30
Raisin sec	......	......	......	2.500.000	2.500
Gommes diverses.	......	......	......	500.000	500
Peaux brutes.	......	......	......	1.000.000	1.000
Tapis	......	10.000	......	200.000	200
Bois.	......	......	......	2.480.000	2.480
Ricin	......	......	......	42.000	42
Savon	......	......	......	351.000	351
Pistaches.	......	......	......	71.000	71
Beurre, huile, miel	......	......	......	437.000	437
Scammonée et racines de scammonée,	......	......	......	437.000	437
Manufactures indigènes	......	......	......	336.620	336
Poissons salés, légumes secs	......	......	......	74.000	74
Réglisse	......	......	......	5.000.000	5.000
Maroquins	......	......	......	7.000	7
Citrons, oranges, etc., de Vallée de l'Oronte (s'exportant de la province à Alep et Alexandrette pour la côte).	......	......	......	4.000.000	4.000
Bœufs vivants (comptés à 300 kilos).	......	11.600	......	3.500.000	3.500
Moutons (comptés à 40 kilos)	......	60.000	......	2.400.000	2.400
Chevaux et mulets	......	1.000	......	250.000	250
TOTAL. . . . . :	70.000	82.600	680.000	112.208.000	112.000

120.000 environ.

Groups d'or et d'argent pour une valeur de : **4.500.000** francs.

NOTA. — Nous n'avons pu avoir que les principales marchandises exportées, et les chiffres sont forcément inférieurs à l'exportation réelle, (puisqu'une grande partie de ces renseignements sont fournis par les registres de douane. Le chiffre de 140,000 tonnes exportées nous a été fourni par les Consuls comme un minimum.

Il faut ajouter maintenant l'exportation nouvelle qui se fait en grande quantité du Doura, sorte de sorgho qui sert à la fabrication de la bière, et est exporté en Allemagne et en Angleterre pour remplacer l'orge dans cette fabrication.

Tableau B

Importation des principales Marchandises passant par Alexandrette

	BALLES 150 kilos	CAISSES 50 kilos	PIÈCES	POIDS en kilos
Manufactures anglaises	40.000	......	......	6.000.000
Coton filé blanc	20.000	......	......	3.000.000
Coton filé rouge	6.000	......	......	900.000
Manufactures françaises.	5.000	......	......	750.000
Bonnets rouges.	......	......	......	25.000
Sucre de Marseille	20.000	......	......	3.000.000
Café de Marseille	10.000	......	......	1.500.000
Riz d'Italie.	25.000	......	......	3.750.000
Riz des Indes.	25.000	......	......	3.750.000
Riz d'Egypte	10.000	......	......	1.500.000
Cochenille	......	......	......	21.000
Pétrole d'Amérique.	......	90.000	......	4.500.000
Papier, Quincaillerie	......	20.000	......	1.000.000
Peaux tannées de France	15.000	......	......	2.250.000
Boissons diverses	......	......	......	6.000
Draps	1.500	......	......	225.000
Vêtements confectionnés, Chaussures .	......	1.000	......	50.000
Poivre, Piment, Aliments divers . . .	......	......	......	300.000
Toile pour sacs.	......	......	......	49.000
Indigo	......	......	......	72.000
Étain et Acier	......	......	......	12.000
Sel	......	......	......	215.000
Cuivre.	......	......	......	131.000
Plomb, Zinc, Fer-blanc	......	......	......	115.000
Fer en barres (50 kilos).	......	......	20.000	1.000.000
Bougies	......	......	......	9.500
Pâtes, Macaroni, etc., etc	......	......	......	15.000
Allumettes.	......	......	......	15.000
Soufre	......	......	......	10.000
Verrerie	......	......	......	140.000
Meubles, Caisses diverses	......	5.000	......	250.000
				34.560.000

Environ 40,000 tonnes.

Groups de monnaie or et argent pour Alep et les provinces . . } pour une valeur de **2,500,000** francs.

SECONDE PARTIE

Tracé de Bérédjik à Mossoul.

Plaines de Séroudj.

A partir de Bérédjik, le tracé indiqué serait moins utile à réaliser de suite et nous estimons que la construction de la voie s'arrêtant à l'Euphrate est le véritable objectif des futurs concessionnaires : c'est la première partie du programme et ce sera le plus productif.

En quittant Bérédjik la voie suivrait l'Euphrate contournant la colline sur laquelle est construite cette ville pour atteindre les plaines de Séroudj, qui sont considérées comme le grenier de la Syrie. Ces plaines renferment 40 villages, tous habités par des agriculteurs.

Actuellement, sur ce point, comme dans toutes les riches provinces de la Turquie, les récoltes restent en partie enfouies dans des puits ou silos, où, la plupart du temps, elles se perdent faute de moyens de transport.

On y voit de nombreux troupeaux qui trouvent là d'excellents pâturages. Les bêtes à cornes servent aux travaux agricoles. Les populations intelligentes de ces contrées accepteraient avec joie l'introduction des machines agricoles qui seraient d'un grand secours dans des plaines aussi fertiles.

Le tracé suivrait la plaine en ligne droite de Bérédjik à Orfa; il longerait le mont Noir, petite colline, ramification du Karadja-Dagh, il traverserait les deux principaux villages, Sarimaghara et Tchar-mélik.

Nous pensons que le point d'arrêt devrait être à ce dernier village, qui est arrosé par un petit cours d'eau.

En raison de la fertilité des plaines de Séroudj, il faudrait faire à cette halte un magasin et de grands hangards.

Le village de Tcharmélik est à 30 kilomètres environ de Bérédjik, et à 20 kilomètres de la station suivante, que nous nous proposons d'établir à Orfa.

Orfa. — Edesse.

Rhagès de la Bible, ancienne Callirohé, fondée par Abraham sous le nom de Ur, Orfa est située à 50 kilomètres de Bérédjik et à 150 kilomètres environ dans le sud-ouest de Diarbékir, près du petit lac Ibrahim-el-Kalil. Sa population est de 20,000 habitants. Construite en amphithéâtre sur le versant d'une haute colline boisée, Orfa offre un aspect des plus pittoresques.

Elle ne possède plus que des ruines, souvenirs de la splendeur d'Edesse des Croisades, et au sommet de la colline les ruines d'un palais de Nemrod. Il se fait à Orfa un immense commerce de graines oléagineuses, de blé et de soie. Il y avait de belles savonneries, mais elles ont été un peu délaissées à cause du manque de voies de communication.

A l'est d'Orfa, s'étendent les immenses et splendides plaines du Harran, remarquables par leurs céréales et graines de toute sorte et aussi par les innombrables troupeaux qu'on y élève.

C'est, à notre avis, un point où il faudrait établir une grande gare et de vastes magasins et hangards d'entrepôts.

Cette gare et ces entrepôts auraient une importance considérable, surtout si, comme nous le proposons, le tracé de la voie continuait en plaine sur Mardin, n'allant que jusqu'à Sovereck en cotoyant le pied des collines.

Comme Diarbékir fournirait autant de marchandises que Mossoul, (voir le tableau C) et que, de plus, près de Diarbékir se trouvent les riches mines d'Arghana, il y aurait lieu cependant de rejoindre Diar- békir à Sovereck, dans l'avenir, par un embranchement.

Notre tracé ne remonte pas à Diarbékir, parce que notre but a été d'indiquer une voie aussi économique que possible, et pour cela, il nous a fallu éviter les dépenses qui résulteraient de l'établissement de la voie traversant une succession de petites collines, qu'il faudrait couper par des tranchées.

D'autre part, si nous avions fait passer le tracé principal de notre voie par Diarbékir, nous étions amenés à rejoindre Mardin par les collines du Karadja-Dagh, au lieu de suivre le pied de ces mêmes col- lines, en évitant tous les travaux d'art.

Orfa deviendrait donc l'entrepôt général de tous les produits de la province de Diarbékirlié; elle pourrait, le jour où l'embranchement de Sovereck à Diarbékir serait fait, devenir une station de bifurcation et dans ce sas, une ligne se dirigerait sur Diarbékir par Sovereck et l'autre sur Mardin directement. Sovereck en effet n'est pas un point assez important pour prendre cette situation d'entrepôt, d'autant plus qu'Orfa recevra toutes les marchandises et produits de toutes les plaines qui s'étendent jusqu'à la limite du désert.

D'Orfa à Sovereck, où nous proposons d'établir une station qui sera destinée à recevoir tous les produits de la montagne, on compte envi- ron de 80 à 90 kilomètres.

Il serait utile d'établir une halte à Karadjorne, à distance presque égale entre Orfa et Sovereck, soit environ 40 à 45 kilomètres.

Sovereck ou Suérak.

Cette ville semble bâtie au fond d'un entonnoir, quoique la plaine qui l'environne soit très grande. Au milieu de cette plaine, s'élève une colline de 100 pieds de hauteur, couronnée d'un large plateau, sur lequel est établie une forteresse, qui fut bâtie par les Francs qui gouver- nèrent Sovereck au temps du royaume d'Edesse.

La ville est construite tout autour de cette colline; les habitations

sont faites en lave et en terre ; la population est de 10,000 habitants :
Kurdes, Arméniens et quelques chrétiens.

Le commerce y est florissant, grâce au passage incessant des caravanes venant du nord ; un petit affluent de l'Euphrate le traverse et
arrose les campagnes environnantes. Les coteaux sont couverts de
vignes, le vin y est excellent.

Ainsi que nous le disions précédemment, il y aurait lieu de faire,
sur ce point, gare et magasin d'entrepôt.

Avant de redescendre sur Mardin, il nous paraît intéressant de dire
quelques mots de la route qui est actuellement suivie par les caravanes, de Sovereck à Diarbékir. Une étude plus approfondie dira s'il
y a lieu de prolonger de suite le tracé jusqu'à Diarbékir.

La route qui de Sovereck mène à cette ville est la plus mauvaise,
et la plus fatigante de toutes les routes de caravanes. Les Orientaux
l'ont nommée Djéhemrem ou Enfer. Elle traverse le Karadja-Dagh, ou
montagne Noire.

Cette route est toute en petites montées et descentes, et couverte
de pierres noires qu'il faut escalader ; on peut la comparer à une mer
très houleuse ; les chevaux ont beaucoup de peine à trouver, entre
ces roches, la place pour poser leurs pieds.

L'établissement d'une voie ferrée, tout en étant plus coûteuse qu'en
plaine, ne nécessiterait cependant pas de très grands frais.

En descendant de Sovereck sur Mardin, la ligne ne rencontre aucune
difficulté. Quatre petits ponts sur des affluents de l'Euphrate et des
torrents sont les seuls travaux d'art que l'on aura à exécuter.

Mardin étant à une distance de plus de 100 kilomètres de Sovereck,
il sera bon d'établir plusieurs haltes sur le parcours : nous proposons,
entre autres, Karadjourane, qui n'est qu'au quart de la distance entre
ces deux points à partir de Sovereck, parce que cette halte est arrosée
par un des affluents de l'Euphrate.

Les autres haltes pourraient être Alaki et Mesko.

Nous ne nous arrêterons pas sur ce parcours entre Sovereck et

Mardin, qui longe le pied du Karadja-Dagh, car il ne présente ni difficulté, ni particularité dignes d'être signalées.

Le tracé projeté devrait aboutir à Mardin, au pied de la colline sur laquelle cette ville est bâtie.

Mardin ou Méride.

Cette ville fut connue aussi sous le nom de Marde et fut toujours réputée comme une forteresse inexpugnable. Elle est située sur le versant du mont Massius, dans la chaîne du Karadja-Dagh, à 100 kilomètres environ de Sovereck. A ses pieds, s'étend une des plaines les plus vastes et les plus fertiles de la Mésopotamie.

Cette plaine compte à peine une centaine de villages; elle est surtout habitée par des nomades qui font le commerce de la laine, du beurre et du fromage, produits de leurs immenses troupeaux.

La population de Mardin est de 20 à 25,000 habitants.

Les collines sont couvertes de vignes; le vin y est très renommé et il a beaucoup d'analogie avec le vin de Chypre. On fabrique également beaucoup d'eau-de-vie de raisin sec et de figues. Le commerce des fruits secs y est très grand.

Il y a beaucoup de métiers pour les cotonnades, les toiles, les tapis et les étoffes de laine.

L'établissement d'une voie et de moyens de transport donnerait à cette ville, si pauvre aujourd'hui, une grande activité, en raison de son voisinage avec de riches gisements miniers.

Hérine et Amoudié.

Le tracé, en quittant Mardin, devrait descendre un peu au sud, puis reprendrait la direction du sud-est, allant droit sur Nizibin. Dans ce parcours, il traverserait les villages de Hérine et de Amoudié. Ce sont les deux principaux villages qui se trouvent en plaine, entre Mardin et Nizibin, et ils seraient bien choisis pour y établir des arrêts, car tous deux sont traversés par de petites rivières qui se jettent dans le Zergan.

Dans ce parcours, les seuls travaux d'art seraient des ponts sur les petits cours d'eau qui arrosent toute cette fertile contrée.

Les deux petites stations, que nous venons d'indiquer, recevraient toutes les céréales et graines de la plaine, ainsi que les laines, beurre et fromage.

Kasr-Serdjan.

Un peu avant d'arriver à Nizibin, au centre d'une vaste plaine arrosée par un cours d'eau, se trouve le village de Kasr-Serdjan.

Cette plaine est très bien cultivée; nous l'indiquons comme un point que l'on pourrait choisir encore pour faire une halte avant l'arrivée à la station principale de Nizibin.

Nizibin.

Cette ville, à 60 kilomètres environ de Mardin, est très ancienne et remonte au premier siècle de l'ère chrétienne; elle passait pour le plus fort boulevard du christianisme. Les Romains la fortifièrent; plus tard, elle soutint trois sièges contre eux, de 50, 80 et 100 jours, en 338, 348 et 350. Alexandre le Grand y établit une importante colonie de Macédoniens et, jusqu'à notre époque, la population a conservé le costume de ces temps reculés.

Il ne reste plus aujourd'hui de cette antique cité qu'une ville très pauvre. On ne retrouve plus trace de ses sept enceintes de grandes murailles, ni de ses palais; un seul pont en ruines reste encore debout à quelque distance de la ville actuelle.

Elle est située au pied du mont Massius, sur une rivière peu profonde, le Djak-Djaka.

La culture du riz y réussit bien.

Autrefois, de grands et beaux canaux recevaient les eaux de la montagne et servaient à irriguer la plaine. La rivière, bien endiguée, traversait la ville et, par divers aqueducs, venait augmenter les moyens d'irrigation. Aujourd'hui, tous les canaux sont obstrués, comblés et enfouis sous des décombres; les eaux des torrents descendent de la montagne et se répandent dans la plaine; l'eau de la rivière, quelquefois elle-même arrêtée par des ruines écroulées, reste stagnante par place.

Il serait facile de rétablir quelques-uns des canaux, ce qui assainirait la ville et les environs et permettrait d'établir un système régulier d'irrigation qui faciliterait la création de nouvelles rizières, ce qui donnerait une nouvelle source de richesses au pays.

Il en serait de même pour le coton, le tabac et tous les produits qui réclament une irrigation régulière.

Nizibin serait une station importante au point de vue du trafic et un entrepôt y serait indispensable.

A partir de ce point, une route directe se dirigeant sur Mossoul aurait un parcours de 170 kilomètres, traversant d'immenses plaines habitées par des tribus nomades qui fournissent la laine, le beurre et les fromages, ainsi que les immenses troupeaux qui se dirigent vers la Syrie pour la consommation.

Les villages que traverserait une voie directe sont Kbour-el-Bidh, à 25 kilomètres environ de Nizibin; Rouméïla, à 35 kilomètres de Kbour; Ouénah, à 50 kilomètres de Rouméïla, Abou-Maria, à 28 ou 30 kilomètres de Ouénah; et Stémidas à 25 kilomètres de Abou-Maria. Ce dernier village n'est qu'à 15 kilomètres de Mossoul. Cette route n'offrirait pas un aussi grand trafic pour l'exploitation traversant une partie déserte, que le tracé que nous proposons, qui, tout en augmentant le parcours, nous conduit à Djézireh par des plaines cultivées et peuplées, et nous fait passer sur la rive gauche du Tigre que nous suivrons jusqu'à Mossoul.

En quittant Nizibin, le tracé se dirigera donc au nord-est sur Djézireh, qui se trouve à 100 kilomètres environ de Nizibin.

Sur tout ce parcours, on trouve du reste, beaucoup de villages et, entre autres, les deux grands villages de Keuki et de Daïd-el-Saïd, où l'on pourrait établir des haltes.

En suivant ce tracé, nous parcourons des plaines bien arrosées par quelques petites rivières qu'il faudra traverser, et enfin on arrivera au Tigre, aux portes de Djézireh, ce qui nécessitera un pont de grande dimension, afin de conserver une partie pour la voie et une autre pour le passage des piétons et des troupeaux. Ce passage donnerait lieu à un droit de péage qui rémunérerait largement le capital employé. Pour la construction des ponts, on trouvera, dans des ruines environnantes, des pierres prêtes à être utilisées.

Djézireh-el-Ibn.

Djézireh, sur la rive gauche du Tigre, est placée, ayant à l'est un des affluents de ce fleuve, et au nord un canal, ce qui explique son nom qui signifie *île*. Bâtie au pied des montagnes Djoudi, elle est entourée de très belles forêts, fournissant en quantité les noix de Galles. Les plaines, bien arrosées et bien cultivées, donnent de splendides récoltes de céréales, des légumes et des fruits, qui, actuellement, sont séchés et expédiés sur Mossoul.

Près de Djézireh se trouvent de riches mines de naphte.

Sur ce point, il y aurait intérêt à établir une station principale et de vastes entrepôts pour les marchandises de la province et celles venant de l'Arménie, du Kurdistan, et du nord de la Perse : le trafic y est très important. De Djézireh à Mossoul, en suivant la rive gauche du Tigre, la voie suivra, sur tout le parcours, pendant 150 kilomètres, de riches plaines d'alluvion ; les travaux d'art se résumeraient en quelques ponts sur des affluents du Tigre, et les ruines, que l'on rencontre partout, fourniraient, en grande partie, les pierres nécessaires à ces constructions.

Sur ce parcours, on rencontre des villages de deux en deux heures, c'est-à-dire tous les 9 à 10 kilomètres. Il y en a cinq importants, qui sont espacés les uns des autres environ de 28 à 30 kilomètres. Ces villages sont Mahrouan, Zakhou, Derkachan, Debb, Tell-Eskof. On devrait, à chacun de ces villages, établir une station avec hangard pour recevoir les marchandises des environs.

Les villages que nous indiquons comme pouvant servir de points d'arrêt n'ont rien qui mérite que nous nous attardions dans notre étude, qui d'ailleurs, se termine à Mossoul, cette dernière ville devant être le point terminus de la voie.

A notre avis, point n'est besoin de relier par voie ferrée la Méditerranée au golfe Persique. Notre projet n'ayant qu'un but commercial, ce but serait largement atteint le jour où Mossoul serait relié par une voie ferrée au golfe d'Alexandrette.

Mossoul.

Ancienne capitale de l'Al-Djézireh, Mossoul est située à 370 kilomètres environ de Bagdad et construite sur la rive gauche du Tigre. Sa population s'élève à 60,000 habitants, dont 10,000 nestoriens, 12,000 chrétiens, des Yésidis, des Persans en assez grand nombre, des Turcs et des Israélites. Les Kurdes forment la plus grande partie de la population.

Plusieurs fois prise, perdue et reprise par les Persans, elle appartient à l'Empire ottoman depuis 1743.

On retrouve, au nord de Mossoul, surtout sur la rive gauche du fleuve, des ruines de Ninive : entre autres les immenses ruines de Korsabad, palais construit par le roi Fargon (710 ans av. J.-C.).

C'est dans la période de 1073 à 1093, sous le gouvernement du prince persan Seldgouk Maleck Schah, que Mossoul prit un rapide développement.

Les grands articles de la place de Mossoul sont les laines et les noix de Galles; il y a d'autres marchandises exportées, mais dont l'importance est plus minime.

Quoique le sol soit admirablement fertile et favorable aux diverses cultures, ce sont les blés et l'orge qui constituent la principale production du pays. Les autres grains, tels que riz, sésame, etc., sont de peu d'importance en comparaison des deux premiers.

Les frais de transport entre Mossoul et Alep et *vice versa* sont en moyenne de 150 piastres pour 140 okes, soit : 37 fr. 50 c. les 217 kilogr., soit environ en moyenne *150 francs la tonne de marchandises.*

Ainsi qu'on peut s'en rendre compte par le tableau C, les laines donnent un poids total de 1,500,000 okes, soit 2,325,000 kilogr. et les noix de Galles 1,935,000 kilogr.

Le blé exporté monte à 60,000,000 okes, soit : 93,000,000 kilogr.

L'orge exportée monte à 40,000,000 okes, soit : 62,000,000 kilogr.

Je ne cite que les principaux articles de l'exportation du villayet de Mossoul. Si, un jour, cette ville était rejointe au golfe d'Alexandrette par une voie de communication, ce trafic passerait par ce port et donnerait un aliment nouveau à notre marine de commerce de la Méditerranée.

Nous avons étudié avec le plus grand soin la Syrie et la Mésopotamie, que nous voudrions voir enfin dotées d'un réseau de voies de communication et de moyens de transport pratiques.

Nous avons indiqué dans ce mémoire un tracé de voie ferrée qui relierait le golfe d'Alexandrette à Alep, Bérédjik, Orfa, Sovereck, Mardin, Nizibin, Djézireh et Mossoul.

Nos études se sont arrêtées à cette dernière ville, parce que nous pensons que de ce point il serait facile d'établir sur le Tigre un service de messageries fluviales pour rejoindre Bagdad et Basrah. Il serait nécessaire d'employer des bateaux à fond plat, pour avoir le moins de tirant d'eau possible, et nous pensons qu'un système de touage à vapeur, tel qu'il existe en France, notamment sur la Seine, s'appliquerait très bien à cette navigation.

Ce genre de batelage remplacerait avantageusement les kéleks (sorte de radeaux), dont on se sert aujourd'hui, seulement pour descendre de Mossoul à Bagdad. Ces radeaux, faits avec des outres, se démontent à l'arrivée, et les outres, dégonflées, sont remontées à Mossoul à dos de chameaux.

Le service de kéleks rapporte actuellement par an environ 184,000 francs de bénéfice; un service régulier donnerait de plus fortes recettes.

TABLEAU C

Principales marchandises exportées de Mossoul.

	KILOS	PIÈCES
Laines.	2.355.000	
Noix de Galles.	1.937.000	
Coton.	1.240.000	
Poils de chèvres.	775.000	
Gomme adragante.	77.500	
Coton filé.	45.500	
Huile.	15.500	
Savon.	15.500	
Cire.	1.550	
Opium.	310	
Moutons vivants.	......	1.000.000
Vaches, bœufs.	......	30.000
Chameaux.	......	15.000
Mulets.	......	15.000
Chevaux de races.	......	15.000
Buffles.	......	3.000
Peaux de chèvres.	......	300.000
— de vaches.	......	10.000
— de fouines.	......	2.000
— d'agneaux.	......	5.000
— de maroquin rouge.	......	100.000
— de maroquin blanc.	......	200.000
— de renards.	......	5.000
— de moutons tannées rouges.	......	30.000
— — tannées blanches.	......	30.000
Tissus de coton de toutes couleurs.	......	100.000
Tissus bleus dont se voilent les femmes.	......	5.000
Sel.	Mine	
Arsenic.	Mine	
Pétrole non exploité.	......	
	6.462.860	1.865.000

Principaux grains du Vilayet de Mossoul.

	KILOS
Blé.	93.000.000
Orge.	62.000.000
Riz.	465.000
Maïs.	177.500
Sésame.	177.500
Lentilles.	155.000
Pois chiches.	155.000
Fèves.	62.000
Pommes de terre.	46.500
Seigle.	38.750
Mâche (grain verdâtre).	38.750
Petits pois.	31.000
	156.337.000
	6.462.860
	162.799.860

Suite du Tableau C

Principales Marchandises importées à Mossoul

Coton filé	
Fer travaillé	
Acier	
Mercure	
Soude	
Sel ammoniac	
Cuirs préparés pour les souliers	
Drap	
Cachemire, Casimir, étoffes diverses en laine	
Étoffe en lin, toile	
Tissus de coton de tous genres	
Toile en coton de toute espèce	
Tchit (Indiennes imprimées)	
Fez, Bonnets en drap	
Étoffe de soie, Satin, Velours, Taffetas	
Tissus de soie de tous genres	
Papier blanc et de couleur	
Macaroni, Pâtes diverses	
Quincaillerie, Verroterie	
Huile de pétrole	
Bougie	
Teinture de toute couleur	
Cuivre, Fer-blanc, Plomb, etc.	
Sucre, Café, Chocolat, etc., etc. Droguerie	

Il a été impossible de se procurer les chiffres exacts.

CONCLUSION

Ce mémoire que nous présentons a été fait consciencieusement, avec persuasion, sur les lieux mêmes. Les renseignements de toute nature, commerciaux ou autres, sont de la plus stricte exactitude, ayant été pris dans le pays même et aux meilleures sources.

Nous n'entrerons pas dans le détail technique de la construction d'une ligne ferrée, mais nous pensons que ce travail pourra être utile, puisque avec l'itinéraire que nous avons étudié et que nous indiquons, un ingénieur verra sa tâche considérablement diminuée. Un groupe de financiers veut, paraît-il, doter l'Asie-Mineure d'un réseau de chemins de fer, en faisant une part à la Syrie. On a même parlé de 250,000 francs le kilomètre, et le tracé indiqué pour le réseau de Syrie n'aurait aucun débouché sur ses côtes. Nos vues sont plus modestes. Notre projet se résume à ceci : pour les débuts, rejoindre Bérédjik et Alep à Alexandrette par un chemin de fer à voie étroite.

Économie de temps et d'argent dans les transports, tel est le but qu'il faut atteindre, tout en établissant le chemin de fer assez économiquement pour que ce soit une brillante affaire pour les capitaux engagés.

Pour atteindre ce but, il faut suivre un tracé aussi économique que possible et, en adoptant la voie étroite, ne pas dépasser 50,000 francs de dépenses par kilomètre. Avec le trafic actuel, qui ne peut qu'augmenter rapidement, on est assuré d'avoir des profits considérables; c'est seulement sur de telles bases que l'on peut faire une œuvre durable et profitable à tous et qui augmentera l'amour et le respect que ces contrées amies ont toujours eus pour le pavillon français.

PARIS. — IMPRIMERIE ET LIBRAIRIE CENTRALES DES CHEMINS DE FER. — IMPRIMERIE CHAIX. — RUE BERGÈRE, 20. — 9262-7.

PROJET DE VOIE FERRÉE
Entre
ALEXANDRETTE ET MOSSOUL
Signes Conventionnels
Mines plomb et argent
Pétrole, naphte, bitume
Voie ferrée
Charbon
Ligne des caravanes
SYRIE
ARABIE DÉSERTE
AL DJEZIREH
MÉSOPOTAMIE
KOURDISTAN
IRAK ARABI
OU BABYLONIE
MOSSOUL
Golfe d'Alexandrette
Tripoli
Korna
Bassorah
GOLFE PERSIQUE

www.ingramcontent.com/pod-product-compliance
Lightning Source LLC
Chambersburg PA
CBHW061310050726
47594CB00004B/1630